孟元老師輕輕地把新書展示給大家看，
笑著說：「孩子們，這是我花了很多時間準備的繪本，
叫做《Hi! mihumisang 我們是布農族！》。」

Sai masnanava hai kadaukdaukun a bahlu tu ahil situnbak at ispasadu naicia,
mangitngit tupa tu "Uvavaz, sain hai makusupah tu hanian pininaiza tu sinkahaningu,
tupaun tu <Hi! Mihumisang, kaimin hai Bunun siduh!>"

「書裡有許多關於我們布農族的故事和文化，大家一定會喜歡的。」

"Ingadah sia patasancin hai supah a paliuni imita Bunun siduh tu palihabasan mas sinihumis,
nakazimaun maita tu tupa."

小百合插畫家開心地說：

「我很榮幸能夠為這本書畫插圖，讓大家透過我的畫更認識布農族。」

Malkahaningu tu(小百合)hai manaskal tupa tu

"Manuninang saikin tu mahtu mapakahaningu mas patasantan,

mapakasia inak tu sinkahaningutan mastan tu mathasin sahalin mas Bunun siduh."

王武榮翻譯老師也點點頭說：

「我負責把內容翻譯成布農族語，這樣大家可以更好地學習布農族語。」

Tupa amin a Aziman masnanava tu "Zaku a mapin itu Bunun tu patasan,

mais maupincia hai namastanin kata tu masial mapasnava mas malasBunun tu halinga."

大家一起感謝原住民委員會的補助，終於讓這本繪本順利出版了！

Muskun kata manuninang mas tanghapu sasipuk Incumin tu sinindangaz, dungzavin sain tu kaihaninguan tu patasan madauzung kanahtungan.

孟元老師在武陵長老教會的教室，
對著孩子們說：「我們要用這本繪本來認識布農族文化！」

Isia Sai masnanavan sia Buklavu Ciulu Kiukai tu pasnanavancia masiaupa sia uvavaz tupa tu
"Namakuuni kata saitan kaihaninguan tu patasan sahal mas Bunun siduh tu sinihumis."

阿炳開心地跳起來：「老師，我等不急想知道布農族的故事了！」

Manaskaldaingaz a Apingan at macinhainaz tupa tu"Masnanava,
 uasandaingazin saikin laupakadau uhansaipan itu Bunun siduh tu palihabasan."

孟元老師笑了笑：
「別急，今天開始我們會一起認識布農族的飲食、
服飾、住屋、交通、教育和娛樂，還有最後一天的分享會喔！」

Malngngit a Sai masnanava tupa tu"Kakatu maapap,
paiskaaip tu hanian namuskun kata mapasnava mapasahal Bunun siduh tu kakaunun,
pinainuk, lumah, isudadan, mapasnava mas ispishasibang,
mais kinuzin hai naaizang mapistathu mas ankanak tu iniliskinan."

第一天的課程開始了,孟元老師問:
「孩子們,今天我們來學布農族的飲食。誰知道我們布農族的主食是什麼?」

Kitngabin tasmaitasa hanian tu mapasnava, tupa Sai masnanava tu" Uvavaz,
aip tu hanian hai namapasnava kata mas itu Bunun siduh tu kakaunun,
sima haiap tu imita Bunun siduh mastan sahusbun tu kakaunun hai maz i?"

依布舉手回答:「我知道!是小米和玉米!」

Sidaza a Ibu mas ima at antalam tu "Haiapik, sias maduh mas acipul."

「沒錯！」孟元老師點頭稱讚：
「還有番薯跟芋頭。今天，我們要喝到阿炳阿嬤煮的龍葵湯喔。」

"Mamantuk!" Atumashaingun mas Sai masnanava tupa tu"Aizang utan mas tai.
Nahud kata aip mas itu hudas Aping inanat sanglavhudu tu vus."

阿布絲大聲喊：「阿嬤煮的湯最好喝了！」

Tushit a Abus tupa tu"Inanat mas hudas pingaz tu vus hai mastan masial hudan."

第二天早上，孟元老師說：

「今天我們要來認識布農族的服飾。你們知道布農族的衣服有什麼特點嗎？」

Tangkukutunin taismidusa hanian tu umum, tupa Tahai masnanava tu:

" aip tu hanian hai namuskun kata mapasnava(sahal) Bunun siduh tu pinainuk,

haiap kamu itu Bunun siduh tu ulus hai maz a makitvaivi ha?"

伊藍搶先回答：

「老師，我知道！布農族的衣服雖然沒有很鮮豔，但是有很漂亮的花紋！」

Macintangus a Izan antalam tu:"masnanava, haiap saikin,

Bunun siduh tu ulus hai anatupa tu niitu supahdaingaza patas,

haitu aiza manauaz tu kapataspatas."

「太棒了！我們今天每個人都會穿上布農族的服裝，
然後來個走秀，展示一下我們的風采！」孟元老師笑著說。

"Masialdaingaz! Namainuk kata aip mas itu Bunun siduh tu ulus,
ungat namudadan kata mapasadu mas kainauazan." Malngingit a Sai masnanava tupa.

亮高興地喊道:「我一定要走得最帥!」

Manaskal a Vilian tushit tupa tu"Namakitmamaindu a saikin mudadan."

第三天的課程中，孟元老師帶著達海耆老做的石板屋。

Tasmaitau hanian tu isnanava hai maadas a Sai masnanava mas kaiunias hudasTahai makuuni bistan kaiuni tu lumah.

阿里曼好奇地問：「老師，為什麼石板屋很矮，進屋要彎腰呢？」

Masailang a Aziman tupa tu"Masnanava, mavia kaiunias bistav a lumah tu inisnis i?
Mais nakulumah hai asa tu makikauduzkauduz tu?"

孟元老師解釋：「這是對祖先的尊敬，進屋前要表示謙卑。」

Mapishaiap a Sai masnanava tupa tu"
Maza maupatanan hai sinsamashing mas mailantangus tu bunun,
 pahasia nakulumah tu tanangaus hai asa tu sianisnis a isang."

第五天,孟元老師說:「布農族非常重視品德教育,由父母和長輩來教導下一代。他們用口說和身教,讓孩子們明白什麼是對的,什麼是錯的。」

Tasmaiima tu hanian, tupa Sai masnanava tu
"Bunun siduh hai sahusbu mas isihumis tu isnanava, tama cina mas madadaingaz a masnava mas maikikingna. Makungulus mas ankanak tu sinkuzakuza mapinmantuk mas uvavaz tu makua a masial at makua mais muliva."

姬古聽了點頭:「我會好好學習,成為一個好孩子!」

Taiazain a Siku hai tupa tu"Namalmananu saikin mapasnava, minuni masial tu uvaz."

第六天的課程充滿了歡笑聲。

孟元老師說：「今天是布農族的娛樂喔。

以前的布農族的小孩會爬山、織布、跳水、盪鞦韆等等。」

Tasmainum hanian tu isnanava hai utmuzan mas mahahainan tu singav.
Tupa Sai masnanav tu"Aip hai is Bunun siduh pisnanaskal pishasibang tu hanian.
 Habasang itu Bunun siduh tu uvavaz hai mahansiap tunludun, macindun,
mataidaza isnangadah sia danum mas lushahaia."

孩子們興奮地開始玩遊戲，教室裡充滿了快樂的笑聲。

Maza uvavaz hai manaskal pishasibang,
utmuzan a ingadah sia pasnanavan mas manaskal mahahainan tu singav.

課程的最後一天,孩子們都忙著準備分享會的表演。
阿炳練習著自己的舞蹈,說:「我一定要跳得最好!」

Isia kinuzin mapasnava tu hanian,
maza uvavaz a hai talpatazun malsanus mas naispasadu duma bunun tu sinbizakbizak,
Apingan hai kanaanak uduli at tupa tu"Nainak tu sinuduli mastan masial."

「大家加油!今天鄉長也會來看我們的表演呢!」孟元老師鼓勵道。

Sai masnanava hai mainsun tupa tu"Malmanua kata!
Naminsuma amin a Kuciu kusaincin sadu imita tu sinbizakbizak."

分享會上，延平鄉的鄉長說：
「這是一個非常有意義的活動，感謝孟元老師和孩子們的努力！」

Mapasadu mas sinbizakbizak tu tudip hai,
Inpingku tu Kuciu hai tupa tu" Sain tu sinkuzakuza hai mastan masial,
uninang Sai masnanava mas uvavaz tu ailmanuan."

鄉長送上禮物，現場充滿了掌聲和歡笑。

Masaiv a Kuciu mas sinaspaska, utmuzan a dangian a mas kainaskalan sinkipahpah tu singav.

比勇用高興地對著孟元老師說：「老師，今天真是太棒了！」

Manaskal a Biung masiaupa Sai masnanava tupa tu"Masnanava, aip hai mastan tu masialdaingaz."

分享會結束後，孟元老師看著孩子們開心的笑容，感到無比欣慰

Kanahdungin mapasadu mas sinbizakbizak hai,
 csadu a Sai masnanava itu uvavaz isia dahis tu kainaskalan at masmuav tu masvala

他由衷希望能在孩子心裡種下文化的種子，一點一點地發芽。

aizan a saia aikasangan tu mahtuang itu uvavaz tu isang upinangan mas auhsa, musasu taldaukdauk talia.

感謝與祝福

　　《種下布農文化的小種子》是一個真實又可愛的故事。故事中的孟元老師帶著滿滿的熱情，出版了一本特別的雙語繪本—《Hi！Mihumisang 我們是布農族！》，內容結合了布農族郡社群語和華語。更令人開心的是，孟元老師還帶著這本繪本，親自到布農族部落展開了為期八週的文化教學活動。

　　在課堂上，孩子們開心地學習布農族的飲食、服飾、住房、交通、教育和娛樂知識。每一天都有新的發現與驚喜呢。

　　參與這次活動的是來自武陵部落的可愛小朋友們：畫畫天分高的阿炳、天真好奇的阿布絲、兩個可愛十足的伊布、聰明的亮、活力滿滿的賽、愛問問題的伊藍、會畫畫又會跳舞的拉琥、總是最耀眼的比勇、害羞但又好動的阿里曼、安靜但認真的瓏，還有最勤勉的把菈虎等等。每個孩子都在活動中閃閃發光。

　　活動中，除了繪本學習，文化勞作之外，孩子們穿上布農族的傳統服飾，還來了一場「走秀大比拼」；他們品嘗阿炳阿嬤煮的龍葵湯，看達海阿公做的石板屋，更在文化分享會上精心準備了精彩的表演，鄉長都忍不住大力稱讚呢。

　　這本繪本的誕生來自武陵部落的一段真實又可愛的故事，還有對文化傳承的美好夢想。它也是獻給這群可愛的小朋友的特別禮物，因為他們在心中種下了文化的小種子。相信未來，這些小種子會發芽、長大，變成茁壯的大樹，把布農族的文化帶到更遠、更美的地方！

　　這本繪本的誕生離不開眾多人的支持與鼓勵，是大家共同努力的成果，期盼它能在未來感動更多讀者，傳承布農族的故事與文化。